帰り遅いけど

こんなスープなら作れそう

有賀 薫

文響社

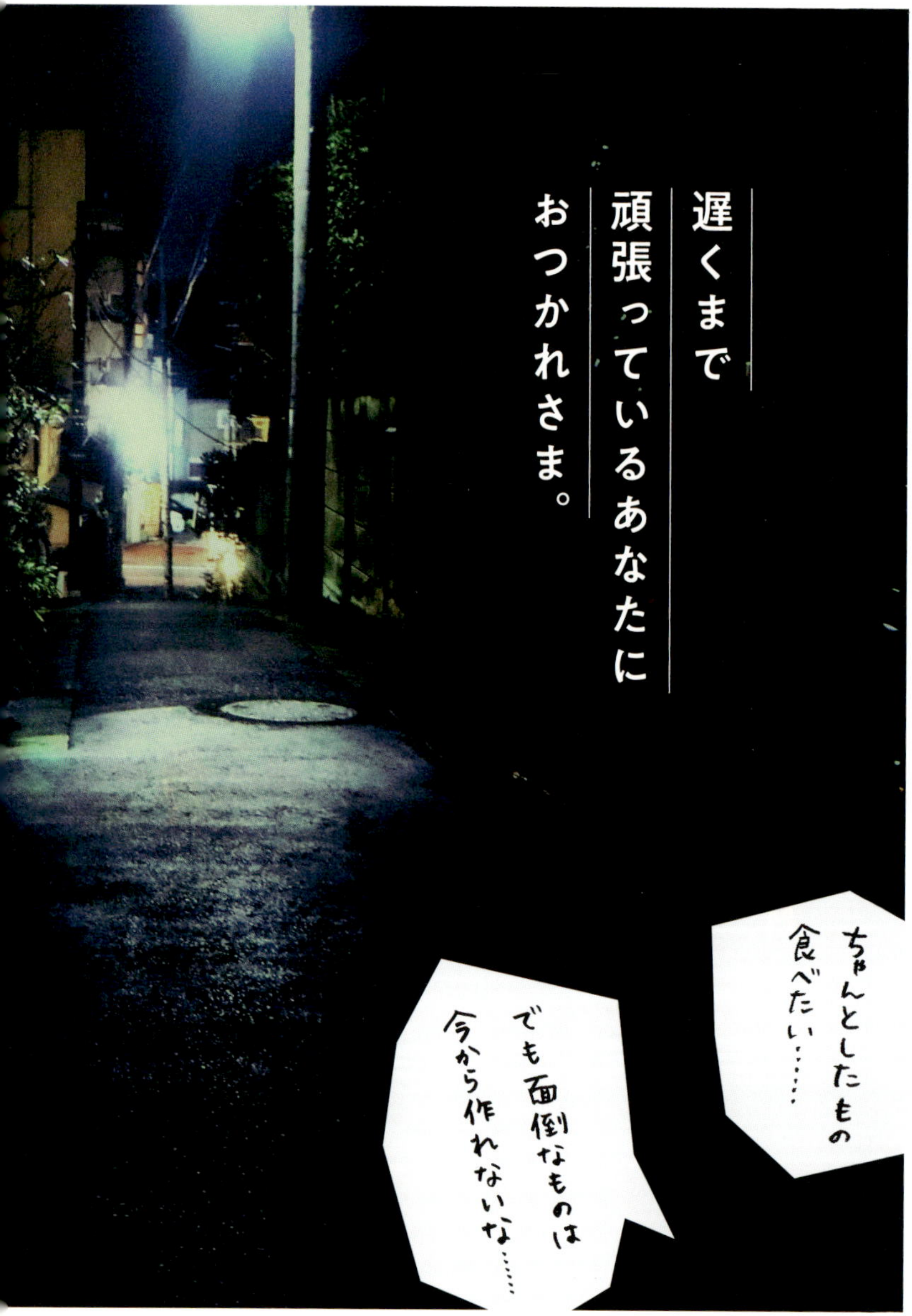
遅くまで
頑張っているあなたに
おつかれさま。
ちゃんとしたもの
食べたい……
でも面倒なものは
今から作れないな……

コンビニは飽きた！
外食は疲れるしお金もかかる

からだと心に
やさしいスープで、
一日の終わりくらい
ほっとしませんか。

え、スープ？
と思ったかも
しれません。

実はスープって、毎日忙しい人にぴったりなんです。

野菜をたくさん食べられる

夜遅くても罪悪感ない

癒される

ヘルシー

あたたまる

ほっとする

スープは頑張るあなたの暮らしを応援します

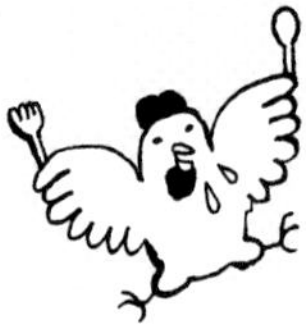

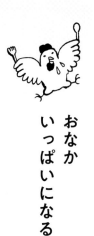

目次

水曜日

3 火を使わない！ お助けスープ

木曜日

4 ヒトサラで完結ごはんスープ

金曜日

5 お酒がススムおつまみスープ

土曜日

6 今日はごちそう世界のスープ

日曜日

7 ほっとする癒しのスープ

この本の決まりごと

- 大さじ1は15mℓ、小さじ1は5mℓ、1カップは200mℓです。
- 細かい種類を指定していない材料は、以下を使っています。

  塩……粗塩
  しょうゆ……濃口しょうゆ
  レモン……ワックスなどを使っておらず、皮まで食べられるもの。

- 鍋は、煮る、蒸す、炒める、焼くといった調理に対応しているものを使っています。
- 電子レンジは500Wのものを使っています。
  ご使用の電子レンジのW数に合わせて、実際の加熱時間を見ながら、
  調整してください。
- だしについて詳細はP72のコラムをご覧ください。
  和のだしやブイヨンは、キューブのコンソメや顆粒だしを水や湯に
  溶いて代用することもできます。
  メーカーによって塩分量が違うので、
  味付けの塩を少なめにするなどの調整をしてください。
- みそ汁で使うみその量は、みその塩分によって調整してください。
- 野菜を洗う、種や皮を取り除く、卵を割るといった細かい下処理は、
  記述を省略している場合があります。
- 材料名の頭に△がついているものは、入れても入れなくてもどちらでもOKです。
- 材料表に  このマークがあるものは、包丁を使わずにできあがるレシピです。
  まな板、包丁を使うのが面倒なときにおすすめです。
- この本のレシピでできあがる分量は、1人分、2人分が基本となっています。
  1人暮らしの方は、夜に2人分作って残した分は冷蔵庫に入れておき、
  翌朝残りをあたためて食べるのもおすすめです。
- 作り方ページの1番下にあるハッシュタグ「#スープ365」は、
  ツイッターでスープを投稿するために私が作ったハッシュタグです。
  ツイッターで検索して頂ければ、私だけでなく、色々な人が作ったスープを
  見ることができます。この本を読んでスープを作ったら、
  ぜひハッシュタグを使って作った写真を投稿してみてください。

月曜日

1

10分でできる時短スープ

早く寝たいから
早く食べたい……

週のはじまりって
やっぱり疲れる……

めんどう
なのはいや！

月曜日とスープと私

（疲れたときのスープ頼み）

サッと煮るだけ、おいしくできあがり！

週の始まりって、妙に疲れませんか？
家に帰ってベッドにパタン……ふう。
とはいっても、おなかがすいていたら
なかなか眠れませんね。

そんな日でも作りたくなるような、
たった**10分でできる「時短スープ」**の
レシピをご紹介します。
火の通りやすい食材を使えば、大鍋
でコトコト何時間も煮込まなくたって、
まるで魔法のようにおいしいスープが
できるのです。

帰ってから**サッと作れる**スープは、
忙しい人の強い味方です。

月曜のスープ

レタスのとろとろ親子スープ

火が通りやすい材料だから煮込む必要ナシ！

材料（2人分）

鶏ひき肉…100g
レタス…2枚
卵…1個
塩…小さじ1/2
片栗粉…小さじ1
ごま油…小さじ1

作り方

1 ひき肉と水200mlを鍋に入れ箸でほぐし中火にかける。肉の表面の色が変わったらざるにあげる。鍋にひき肉を戻して水400mlと塩を入れ、煮立てる。

2 片栗粉を同量の水で溶く。**1**の鍋に水溶き片栗粉を加えて混ぜ、とろみをつける。

3 ボウルに割ってほぐした卵を4回に分けて鍋に細くたらすように落とし、ふんわり浮かんだら、ちぎったレタスとごま油を加え、火を止める。

◦ひき肉を一度湯がけば、アクが抜けてスープがクリアに

#レタスは火を通した方がたくさん食べられる　#スープ365

するする食べれちゃう
やさしい味

月曜のスープ

鮭とコーンのクリームスープ

鮭が安い日はチャンス！

材料（2人分）

生鮭切り身…小2切れ（1切れ約70g）
ホールコーン缶…1缶（内容量で100g以上）
牛乳…100mℓ
バター…大さじ1
小麦粉…大さじ1
塩…小さじ1/2
こしょう…適量
△ディル

作り方

1 鮭の表裏に塩とこしょうをふる。ホールコーンは缶をあけ、汁気を切る。

2 鍋にコーン、小麦粉、水100mℓを入れて混ぜ、バターを加えて火にかける。とろっとしたら、さらに水200mℓを足して沸騰させる。

3 鮭の水気をキッチンペーパーでおさえて鍋に加え、8分ほど煮る。牛乳を加えてあたため、塩で味を調える。好みでディルを飾る。

○鮭が大きいときは加熱時間を長めにとってしっかり火を通して

#コーンクリームスープがこんなに簡単にできるって知らなかった　#スープ365

コーンの甘みにとろけそう

月曜のスープ

サラダチキンでアスパラをおいしく食べるスープ

サラダチキンが立派なスープに

材料（2人分）

アスパラ…2束（200g～250g）
サラダチキン（プレーン）…1枚
塩…小さじ1/2
片栗粉…小さじ1

作り方

1 アスパラは下1/3だけピーラーで皮をむき食べやすい大きさに、サラダチキンは一口サイズに切る。

2 アスパラとサラダチキンを鍋に入れ、水100mlと塩を加えてふたをし、中火にかけ、5～6分蒸し煮する。

3 水250mlをさらに加えてあたため、片栗粉を同量の水で溶いて加える。

○好みで落とし卵をのせるのもおすすめ！ 落とし卵の作り方はP26

#無限アスパラスープ　#スープ365

アスパラの繊維が
やわらかーい

月曜のスープ

にらとザーサイと焼きお揚げのスープ

ザーサイの旨みで簡単中華気分

材料（2人分）

にら…1束
油揚げ…1枚
ザーサイ（びん詰め）…30g
ごま油…大さじ1
しょうゆ…大さじ1
黒こしょう…少々

作り方

1

にらを2㎝のざく切りにする。油揚げは1㎝幅に切る。ザーサイは、大きすぎるものは刻む。

2

鍋にごま油を熱し、油揚げを軽く色づくまで焼く。焼き色がついたら、ザーサイと水400㎖を加え、沸騰させる。

3

にらとしょうゆを入れ、20秒ほど煮て火を止める。しょうゆで味を調え、黒こしょうをふる。

○油揚げはキッチンペーパーで挟んでおさえると余分な油がとれる

#味付ザーサイのびん詰めはコンビニでも買える　#スープ365

にらとザーサイ、ざっくざく

月曜のスープ

アボカドと豆腐と鶏ささみのおみそ汁

高タンパク！ 健康志向のあなたの味方

材料（2人分）

アボカド…1個
絹豆腐…1/2丁（200g）
鶏ささみ…2本
みそ…大さじ2

作り方

1 鍋に水400㎖を入れて沸かす。1本を5、6切れにそぎ切りした鶏ささみを加えて煮る。

○アクが出てきたらすくう

2 豆腐を食べやすい大きさに切って加え、あたためる。みそを溶き入れる。

3 アボカドは包丁でぐるっと切れ込みを入れてひねり、半分に割る。種をとり、スプーンで中身をくりぬきながら**2**の鍋に落としあたためる。

#サラダ以外の食べ方を知らないアボカド好きに　#スープ365

アボカドって
おみそ汁にも合う！

キャベツと厚揚げのちぎるだけミルクスープ

桜えびで彩りあざやか

材料（2人分）

キャベツの葉…3〜4枚
厚揚げ…1/2枚
乾燥桜えび…大さじ2
牛乳…50㎖
塩…小さじ1

作り方

1. 手でちぎったキャベツ、水200㎖を鍋に入れて中火にかけ、桜えびを加えふたをして、6、7分蒸し煮する。
2. 厚揚げはキッチンペーパーでおさえて余分な油分をとり、食べやすい大きさに手でちぎる。
3. キャベツが煮えたら厚揚げと水400㎖、牛乳と塩を加える。煮立ったら味をみて、塩で調える。

#桜えびを使った他のレシピはP48　#スープ365

食べごたえあるのにヘルシー

スープコラム

失敗しない！
落とし卵の
すごく詳しい作り方

野菜もお肉も何もない！　というときでも、卵くらいなら冷蔵庫にあるかもしれません。そんなときは落とし卵（ポーチドエッグ）を作ってみてはいかがでしょう。

　いつものスープやおみそ汁も、落とし卵をのせてあげるだけで、ちょっと特別感のある嬉しい一杯になるから不思議です。

　家で落とし卵を作るのは難しいと思われていますが、コツをおさえて丁寧に作れば、案外簡単にできます。

ふるふる落とし卵のできあがり！
好きなものにのせてめしあがれ〜

1

卵を小さな器に割ります。なるべく水面ギリギリでそっと鍋に卵を入れるために、小さな器を使いましょう。

2

鍋にたっぷり(最低1リットル)湯を沸かします。沸騰した湯を箸などでぐるぐる混ぜて、鍋の中に渦を作ります。

3

鍋中心に、水面ギリギリで湯の中にすべり込ませるように卵を入れます。鍋の中は渦を巻いているので、卵を入れると渦によってある程度卵の白身が自然にまとまってきます。

4

沸騰したら火を弱め、静かに火を入れます。ゆで卵と同じく加熱によって卵の固まり具合が決まります。

- **2分ぐらいだとかなりレア、3~4分で少し黄身が固まる感じです。鍋の大きさなどにもよるので、わからなければおたまなどにとって、そっと指の腹で触ってみて、硬さを感じてみましょう。**
- **ときどき箸やおたまなどで周囲のお湯をくるっと動かし、卵が鍋底につかないようにします。**
- **浮いてきたアクや卵の白身くずは、すくいとってしまいましょう。黄身をつぶさないよう要注意!**

5

好みの硬さになったら、鍋のときに使う豆腐すくいやおたまでそっと取り出し、水かぬるま湯を入れたボウルの中にそっと放します。

スープコラム

いろんなスープで卵黄決壊！

落とし卵をのせるだけで、もっとおいしくなります。

P32 たらとじゃがいものバターみそ汁

P36 トマトと牛肉、大根の辛くて赤いスープ

P18 サラダチキンでアスパラをおいしく食べるスープ

火曜日

2

ランチ食べ損ねた！

今日は1日はりきった！

ごはんがススム おかずスープ

1日頑張ってハラペコ～

火曜日とスープと私（頑張る人の最後の味方）

一汁一飯定食なら ラクして満腹！

「仕事忙しくてランチ食べ損ねた！」「夜遅くなっちゃって、もうおなかすいているのかどうかもわからない……」、そんな頑張り屋さんの人にこそ、夜ごはんくらいしっかり食べてもらいたいもの。

白いごはんによく合って満足感のある味つけとボリュームの、**「おかずスープ」**をご紹介します。

「夜遅くに食べるのは罪悪感ある……」という人にも、スープだったら安心して食べてもらえそうです。

たらとじゃがいものバターみそ汁

みそとバターでコクましまし！

材料（2人分）

真たら切り身…3切れ（約200g）
＊塩だらではないもの
じゃがいも…中3個
みそ…大さじ2
バター…大さじ1
黒こしょう…少々

作り方

1 じゃがいもは皮をむき、1cmほどの厚みに、たらは一口大に切る。

2 じゃがいもを鍋に入れ、500㎖の水を加えて中火にかける。沸騰したら10～12分やわらかくなるまで煮る。

3 たらを加え3分煮てからみそを溶き入れ、器に盛ってバターをのせ黒こしょうをふる。

○じゃがいもを煮ている間に出る白いアクが気になるときはすくう

#おみそ汁一杯でもごはんが捗る　#スープ365

ごはんだけじゃなく
パンにも合いそう

火曜のスープ

こってり角煮風の豚肉汁かけ丼

白いごはんにスープの旨みが染みる

材料（2人分）

豚肉切り落とし
（バラや肩ロースなど、脂の多い部分）…200g
ゆで卵…2個
砂糖…大さじ2
しょうゆ…大さじ2・1/2
サラダ油…小さじ1/2
ごはん…適量
△長ねぎ

作り方

1 豚肉は食べやすく切る。鍋に湯を沸かして肉を入れてほぐし、色が変わったらざるにあげる。

2 肉、砂糖、水300mlを鍋に入れ、中火で5分煮る。殻をむいたゆで卵としょうゆ、サラダ油を加えて、さらに5分煮る。

3 器によそったごはんに2の肉を汁ごとかけ、切ったゆで卵をのせる。好みで薄切りにした長ねぎをのせる。

○肉を一度ゆでるとくさみのないおいしさに

#黒砂糖を使うとさらにこっくり味に　#スープ365

甘辛の味つけについ
おかわりー

火曜のスープ

トマトと牛肉、大根の辛くて赤いスープ

キムチと牛肉でパンチのある旨み

材料（2人分）

トマト…中1個
牛肉切り落とし…200g
大根…10㎝
キムチ…100g
ごま油…大さじ1
塩…小さじ1

作り方

1
大根は皮をむき1㎝厚さのいちょう切り、トマトはへたをとり皮つきのままざく切り、牛肉は食べやすく切る。

2
鍋に大根、トマト、水200㎖とごま油を入れ、ふたをして中火で煮る。5分たったら牛肉、塩、水200㎖を加え、ふたをしてさらに煮る。

3
5〜7分煮込んで大根がやわらかくなったらキムチを加え、味をみて塩で調える。

○辛いのが好きな方は唐辛子粉やラー油を加えて

#このままごはんにかけて食べたい　#スープ365

辛みと旨みが
大根に染みてる……

刻みきのこのはるさめスープ

きのこどっさり、食べごたえシッカリ

材料（2人分）

エリンギ、しめじ…各1パック（約200g）
豚ひき肉…100g
しょうが…1片
はるさめ…40g
みそ…大さじ2
砂糖…大さじ1
ごま油…大さじ1
△パクチー、ラー油

作り方

1 エリンギとしめじは根元を切り落とし、粗みじん切りに、しょうがもみじん切りにする。

2 鍋にきのことごま油を入れて混ぜ強火にかけて、なるべく動かさず約2分加熱する。ひき肉としょうが、砂糖とみそを加え、ひき肉をほぐすように1分炒める。

○きのこを動かしすぎると水分と一緒に旨みも出ちゃうので注意

3 水500mlを加えて沸騰させ、はるさめを加えて中火に落とし3分煮る。好みでパクチーやラー油を添える。

#しょうがが効いてて薬膳みたい　#スープ365

きのことしょうが、滋養の味

くるくる豚汁

薄切り肉を巻くだけで、具材3つでも大満足

材料（2人分）

豚バラ肉薄切り…200g
大根…8cm
しらたき（アク抜きしたもの）…1袋（180g）
ごま油…小さじ1
みそ…大さじ2
△青ねぎ

作り方

1
豚バラ肉は1枚ずつ、端からくるくる巻く。
大根は皮をむき、4cm長さの拍子木に切る。
しらたきは水を切り、食べやすい長さに切る。

2
鍋に大根、しらたきを重ねて入れ、水200mlとごま油を加えてふたをし、中火で5分煮る。

3
肉の巻き終わりを下にして**2**の上に並べ、水200mlとみそを加え、さらにふたをして6～7分煮て、味をみてみそで調える。
好みで刻んだ青ねぎを加える。

○アク抜きされていないしらたきは、3分ほどゆでてアクを抜く

#豚汁ってごぼうもにんじんも入れなくてもおいしくなるんだ　#スープ365

くるくる豚肉に
だしがじゅわ〜

スープコラム

スープのおともに まぜごはんはいかが？

白いごはんはもちろんおいしいけれど、
たまにはこんなアレンジはいかがでしょう。
ひとり分からできる、具や調味料を混ぜるだけのレシピです。
冷凍のあたためごはんでもOK!
スープに合わせるごはんなので、少し薄味に仕上げるのがコツです。

しそごはん

材料

ごはん…茶碗1杯
青じそ…3枚
塩少々

作り方

青じそは洗ってキッチンペーパーで水気をふきとり、手で細かくちぎって塩少々と一緒にあたたかいごはんに混ぜる。青じそは熱で変色しやすいので、食べる直前に。

桜えびと昆布ごはん

材料

ごはん…茶碗1杯
乾燥桜えび…小さじ1
塩昆布…小さじ1

作り方

桜えびと刻んだ塩昆布を、あたたかいごはんに混ぜる。

梅ごはん

材料

ごはん…茶碗1杯
梅干…1個
かつお削りぶし
…大さじ1ぐらい

作り方

梅干の種をとって刻むかちぎり、かつおぶしと一緒に、あたたかいごはんに混ぜる。

黒ごまバターごはん

材料

ごはん…茶碗1杯
黒ごま…小さじ1
バター…小さじ1

作り方

黒ごまとバターをあたたかいごはんに混ぜる。

しょうがごはん

材料

ごはん…茶碗1杯
しょうがのみじん切り
…小さじ1
しょうゆ…小さじ$\frac{1}{2}$

作り方

しょうがをみじん切りにしてしょうゆを混ぜておいたものを、あたたかいごはんに混ぜる。

明太バターごはん

材料

ごはん…茶碗1杯
明太子…1/3腹
バター…ひとかけら

作り方

明太子は皮からスプーンでこそげ落とし、あたたかいごはんに混ぜる。食べるときにバターをごはんの上にのせる。

チーズバジルごはん

材料

ごはん…茶碗1杯
スライスチーズ…1枚
バジルの葉…3枚
オリーブオイル
…小さじ1/2

作り方

洗って水気をふきとりちぎったバジルと刻んだチーズ、オリーブオイルをあたたかいごはんに混ぜる。

こしょうごはん

材料

ごはん…茶碗1杯
黒こしょう
（できれば粗びきこしょう）
…小さじ1/2
塩…少々

作り方

こしょうと塩をあたたかいごはんに混ぜる。

水曜日

3

火を使う時間もないよ〜

週のまんなかって忙しい！

火を使わない！
お助けスープ

今日くらい何かに頼りたい……

水曜日とスープと私（時間上手な人はやっている）

「料理はかくあるべし」から自由になる

料理以外にもやりたいこと、やらなきゃいけないこと、たくさんありますよね。他の家事や仕事、見たいドラマだって溜まっているかもしれません。「それでもおいしいものが食べたい！」という人には、**電子レンジにかけるだけ、冷蔵庫で冷やすだけ、火を使わない「お助けスープ」**がおすすめ。材料も**コンビニや冷蔵庫の残り物**に頼ってしまいましょう。「料理はかくあるべし」から**自由**になってみませんか。

鹹豆漿（シェントウジャン）

台湾の定番朝ごはん「鹹豆漿」をおうちのレンジで

材料（1人分）

無調整豆乳…200㎖
油揚げ…1/2枚
乾燥桜えび…小さじ1
ザーサイ（びん詰め）…小さじ1
A 酢…小さじ2
しょうゆ…小さじ1
△青ねぎ、ラー油

作り方

1 油揚げをオーブントースターで焼いて焦げ目をつけ、キッチンペーパーで軽く油をおさえ1㎝幅に切る。

2 レンジにかけられる器に豆乳と桜えび、ザーサイを入れ、1分半～2分レンジにかける。

3 Aを2の器に加え、スプーンで軽く混ぜ、固まり始めたら油揚げをトッピングする。好みで刻んだ青ねぎやラー油を加える。

○豆乳が固まるのは豆乳のたんぱく質と酢が反応して「酢凝固」するため

#豆乳余って捨てがちな人におすすめ　#スープ365

固まりかけの
豆乳がふるふるー!

コンビニ素材でレンチンスープ

ほうれんそうとポテトチップスのマグカップスープ

材料（1人分）

冷凍ほうれんそう…ひとつかみ
ポテトチップス…10枚ぐらい
にんにくすりおろし（チューブでも）…少々
牛乳…50㎖
塩…ひとつまみ

作り方

1 マグカップ1/3ぐらいまで冷凍ほうれんそうを入れる。にんにくのすりおろしを小指の先に乗るぐらい加え、ポテトチップスも押し込むように入れる。

2 牛乳と水150㎖、塩を加えてマグカップに軽くラップをかけ、2〜2分半レンジにかける。

#手抜きでも美味しい　#スープ365

焼鳥と梅干のマグカップスープ

- マグカップはレンジOKの物を使う
- 途中で一回止めて、全体を混ぜるとムラなくできあがる

材料（1人分）

焼鳥（コンビニなどで売っている大きめサイズのもの・塩味）…1本
梅干…大1個
しょうがすりおろし（チューブでも）…小さじ1/2
しょうゆ…少々
刻みねぎ…小さじ1
△白ごま

作り方

1 焼鳥を串から外してマグカップに入れる。梅干、しょうがのすりおろしをカップに入れ、水200mℓを加えたらラップをふわりとかけ、レンジで約2分あたためる。

2 しょうゆを加え、刻みねぎを散らしてできあがり。好みで白ごまを加える。

レンジでかんたん

豆乳と卵のスープ

きほんの和風・豆乳と卵のスープ

材料（1人分）

無調整豆乳…200㎖
卵…1個
めんつゆ（3倍濃縮）…大さじ1
トッピング
揚げ玉…少々
青ねぎ…少々

作り方

1 レンジにかけられる器に卵を割り入れ、豆乳を注いで、レンジに2〜2分半かける。

2 めんつゆを加え、刻んだ青ねぎ、揚げ玉を散らす。

こんなトッピングもおすすめ！

- お揚げと豆苗
- 桜えびともやし
- 海苔の佃煮

#「豆乳卵 有賀」で検索するといろんなアレンジ見られます #スープ365

きほんの洋風・豆乳と卵のスープ

- 卵が爆発しないように、豆乳と具材でしっかり卵の表面をおおう
- 卵黄が半熟になるように、短めの時間を追加していくとよい

材料（1人分）

無調整豆乳…200mℓ
卵…1個
粉チーズ…大さじ1

トッピング

コーンフレーク…ひとつかみ
黒こしょう…少々

作り方

1 レンジにかけられる器に卵を割り入れ、豆乳を注いで、レンジに2～2分半かける。

2 粉チーズを加えてコーンフレークと黒こしょうをトッピングする。

こんなトッピングもおすすめ！

- カリカリベーコンとレタス
- ハムとルッコラ
- ポテサラ
- コーンとチーズ

水曜のスープ

なすとみょうがの冷や汁

前日の夜から冷やしておけば明日の自分が大喜び

材料（2人分）

なす…2本
みょうが…2個
青じそ…5枚
みそ…大さじ2
かつお削りぶし…2パック（約6～10g）
白すりごま…小さじ1
ごはん…適量

作り方

1 なすとみょうがは縦半分にしてから薄切りにする。なすは5分ほど水につけてざるにあげ、キッチンペーパーで水気をおさえる。

2 ボウルにみそとかつおぶし、白すりごまを入れて練り、水を300mℓ加え、なすとみょうが、ちぎった青じそを加えて冷蔵庫で最低3時間冷やす。

3 器にごはんをよそい、**2**をかけて氷を浮かべる。

○そうめんにかけるのもおすすめ

#冷や汁もスープです　#スープ365

さわやかな薬味とだしが香る

トマトとバジルの冷や汁

冷や汁は「洋」でもおいしい

材料（2人分）

トマト…中2個
バジルの葉…約10枚
白すりごま…大さじ1
みそ…大さじ2
オリーブオイル
…小さじ1
冷凍うどん…2玉

作り方

1 トマトはへたをとりざく切りに、バジルは葉を10分ほど水につけ、水気をふきとっておく。

2 ボウルにみそと白すりごまを入れて混ぜ、水300㎖を少しずつ加える。トマトとちぎったバジルの葉、オリーブオイルを加えて混ぜ、冷蔵庫で2時間以上冷やす。

3 冷凍うどんを解凍し、**2**をかける。

- 冷や汁は冷蔵庫でひと晩寝かせるとよく味がなじむ
- そうめんやごはん、パスタにかけてもおいしい

#こんなお洒落な冷や汁もある　#スープ365

トマトとバジル、
みその奇跡の出会い

スープコラム

知っておくと ちょっと便利になる「めやす」

調理中の切り方や量り方、「だいたいのめやす」を知っているだけで少しラクになります。

トマト缶が計量カップがわりに!?

スープや煮込み料理にトマト缶を使った後に、水を足すことがあります。トマト缶は1缶400㎖なので、計量カップがないときは目安になります。

自分の手のサイズは何センチ？

自分の手や指に定規を当てて、長さを測ってみます。ちなみに私の小指の先は1cm、中指の幅が1.5cm、親指の幅は2cmです。あらかじめ測っておくと指を当てるだけで、長さの目安になり材料を切るときなどに便利。

「細切り」と「千切り」、どのくらい違う？

めやすはマッチ棒の軸、3mmほどの幅が「細切り」です。それより細くするのは「千切り」。わずか数ミリですが、食感には大きな差が出ます。

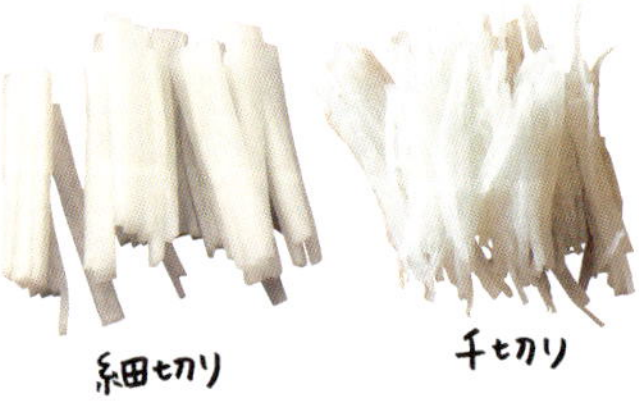

しょうがやにんにくの「1片」ってどのぐらい？

しょうが1片とは、10～15gほどをさします。にんにくは塊をバラしたうちのひとつです。中にはかなり大きいものもありますので、そのときは半分にして使いましょう。

「塩ひとつまみ」ってどれぐらい？

親指、人差し指、中指の3本でつまんだのが「ひとつまみ」。塩の場合は約1グラム、小さじ1/5です。少なくつまむ人が多いようですが、意外としっかりつまんでOK。

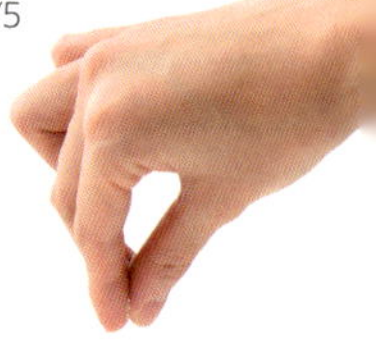

木曜日

4

もうすぐ週末！

手っ取り早く満腹になりたい

ヒトサラで完結 ごはんスープ

あと1日のやる気を出したい！

木曜日とスープと私
（お惣菜VSごはんスープ）

ごはんにかければ、それだけで満腹！

買ってきたお惣菜、パックのままだと味気ないけど、お皿にうつすと洗い物が増えちゃうし……。**あれこれ買うよりミニマルに済む**のが、ヒトサラで完結する**「ごはんスープ」**。鍋でスープを作ってごはんにかけるだけ、お皿ひとつで満腹になれてほっとします。**面倒な献立を考える必要もナシ！**

1週間の後半戦、もうちょっと頑張らなきゃいけないときに**食べたら元気がわいてくる**、ごはんスープのレシピです。

木曜のスープ

しょうがどっさりさば缶トマトカレー

にんじん、じゃがいもの皮むきが苦手な人へ

材料（1〜2人分）

さば水煮缶…1缶
トマト…1個
（200〜250g）
しょうがチューブ…1本
カレールー…約30g
オリーブオイル…大さじ1
塩…ひとつまみ
ごはん…適量

作り方

1 へたをとり皮ごとざく切りにしたトマトとオリーブオイル、塩をフライパンに入れて強火にかけ、フライパンを動かしながらトマトの水分を飛ばすように炒める。

2 トマトの水分がなくなりかけたら中火にし、しょうがチューブを1本まるごと加えさらに煮詰める。

3 水分が飛んでペースト状になったら水を250mℓとカレールーを加え、さば缶の水気を切って加える。あたたまったら味をみて、塩で味を調え、ごはんにかける。

○しょうがチューブは安いものの方が辛みがおだやか。高いチューブや生のしょうがを使う場合は、量を少なめに

#皮むきもないし煮る時間も少ないのにカレーができるという感動　#スープ365

しょうがが
ピリリ！

牛肉とクレソンのごはんスープ

お茶漬けじゃ物足りないハラペコなときに

材料（1人分）

- 焼き肉用牛肉…70g（ロースやカルビ、ももなどお好みの部位。切り落としでも）
- クレソン…1/2束
- かつお削りぶし…1パック（3～5g）
- 焼き肉のたれ…少々
- 塩…ひとつまみ
- ごはん…適量

Don't use

作り方

1 牛肉を食べやすい大きさにはさみで切り、クレソンは手でちぎる。かつおぶしを急須に入れ、塩を入れておく。

2 湯を沸かし、器にごはんをよそう。フライパンで肉を炒め、焼き肉のたれを回し入れ、味がからんだらごはんにのせ、クレソンをのせる。

3 急須に湯約300mlを注ぎ、30秒～1分待ってかつおぶしが沈んだら、ごはんにかける。

#急須でのだしのとり方について詳しくはP73　#スープ365

ガッツリお肉と
あっさりスープ

木曜のスープ

目玉焼きオンザトマトのごはんスープ

即席なのに本格イタリアン

材料（1人分）

ミニトマト…1パック（150〜200g）
卵…1個
オリーブオイル…大さじ1
塩…小さじ1/2
ごはん…適量

作り方

1 フライパンに油（記載外）をひいて目玉焼きを焼き、皿にとり出しておく。ミニトマトはへたをとり半分に切る。

2 フライパンにミニトマト、オリーブオイル、塩を入れて中火にかける。2〜3分炒めたら、水200mlを加え煮立てる。味をみて塩で調える。

3 ごはんを器に盛り、**2**をかけ、目玉焼きをのせる。

○トマトは加熱に向くシシリアンルージュやサンマルツァーノが特におすすめ

#トマト炒めるだけでなんだかビストロ風　#スープ365

より良い作品づくりのために皆さまのご意見を参考にさせていただいております。
ご協力よろしくお願いします。

A. 本書を最初に何でお知りになりましたか。

1. 新聞・雑誌の紹介記事(新聞・雑誌名　　　　　　　)　2. 書店で実物を見て　3. 人にすすめられて
4. インターネットで見て　5. 著者ブログで見て　6. その他(　　　　　　　　　　　　　　　　　　)

B. お買い求めになった動機をお聞かせ下さい。(いくつでも可)

1. 著者の作品が好きだから　2. タイトルが良かったから　3. 表紙が良かったので
4. 内容が面白そうだったから　5. 帯のコメントにひかれて　6. その他(　　　　　　　　　　　　)

C. 本書をお読みになってのご意見・ご感想をお聞かせください。

D. 本書をお読みになって、
良くなかった点、こうしたらもっと良くなるのにという点をお聞かせ下さい。

E. 著者に期待する今後の作品テーマは?

F. ご感想・ご意見を広告やホームページ、
本の宣伝・広告等に使わせていただいてもよろしいですか?

1. 実名で可　2. 匿名で可　3. 不可

ご協力ありがとうございました。

郵便はがき

料金受取人払郵便

芝局承認

4063

差出有効期限
平成31年1月
6日まで
(切手は不要です)

105-8790

216

東京都港区虎ノ門2-2-5
共同通信会館9F

株式会社 文響社 行

フリガナ	
お名前	
ご住所 〒 都道府県 区町市郡	
電話番号	
Eメール	
年齢 才	性別 □男 □女
ご職業(ご選択下さい) 1. 学生〔小学・中学・高校・大学(院)・専門学校〕 2. 会社員・公務員 3. 会社役員 4. 自営業 5. 主婦 6. 無職 7. その他( )	
ご購入作品名	

シンプルなトマトの甘み

ねぎ塩茶漬け

鶏のだしとねぎの焦げの旨みを味わう

材料（2人分）

鶏もも肉…1枚
長ねぎ…1本
ごま油…大さじ2
塩…小さじ1～1・5
（鶏肉の重さの2％、300gなら小さじ1）
ごはん…適量
△七味唐辛子

作り方

1 鶏肉は一口サイズに切り、塩をもみ込む。長ねぎはみじん切りにする。湯を沸かしておく。

2 フライパンにごま油大さじ1を熱し、少し焦げるぐらいまで長ねぎを炒める。器にごはんを盛り、炒めた長ねぎを分けてのせる。

3 フライパンを一度さっと洗い、中火にかけてごま油大さじ1を熱し、鶏肉を表裏こんがりと焼く。火が通ったら**2**に分けてのせ、熱湯をかける。好みで七味唐辛子をかける。

○熱湯をかける量の目安はひとり130～140㎖

#シンプルな味付けこそ正義　#スープ365

ねぎの香ばしさに
お腹がグーッ

木曜のスープ

大きなつくねのはるさめスープ

ビッグなつくねにびっくり

材料（2人分）

つくね
- A
  - 鶏ももひき肉…200g
  - 塩…小さじ1/2
- B
  - ごま油…小さじ1
  - 長ねぎ…1/2本

はるさめ…60g
豆苗…1/2袋
ごま油…小さじ1
しょうゆ…小さじ1〜2
△七味唐辛子

作り方

1 長ねぎはみじん切り、豆苗は洗って根元を切り落とす。鍋に湯600mlを沸かす。

2 **A**を混ぜ粘りが出るまで手でしっかり練り、**B**と水小さじ2を加えて混ぜる。2つに分けて丸め、手の平でつぶして平たくする。

3 **1**の鍋に**2**を入れ、ときどき箸で返しながら中火で10分ほど煮込み、はるさめを加えてさらに3分煮る。しょうゆとごま油を加え、豆苗を加えて混ぜ、火を止める。味をみて塩で調える。好みで七味唐辛子をかける。

- つくねは平たくつぶして火を通りやすく
- 鶏ひき肉はもも肉を使うとジューシーに
- ひき肉と塩で粘りが出るまで手で混ぜればバラバラにならない

#はるさめがあればごはんいらず　#スープ365

つくね、プリプリ！

スープコラム

料理上手さんは、簡単に賢く「だし」をとります

顆粒だしやコンソメももちろん便利だけれど、
実はだしをとるのってそんなに難しくないのです。
自分でとっただしを使うだけで、
なんだかちょっと料理上手になったような気になります。

鍋で「しっかりかつおだし」

鍋にかつおぶし5gと水を400mℓ入れ、中火にかける。沸騰したら弱火にして7~8分煮る。ざるか茶こしで漉す。

このスープに使うのもおすすめ

P18サラダチキンでアスパラをおいしく食べるスープ

冷蔵庫で「昆布水出し」や「しいたけ水だし」

昆布10㎝と水400㎖を容器に入れ、ひと晩おく。使うときは昆布をとり出してあたためる。干ししいたけは1、2枚を300㎖の水と一緒に容器に入れ、ひと晩おく。
昆布としいたけを合わせてもOK。

このスープに使うのもおすすめ

P22アボカドと豆腐と鶏ささみのおみそ汁

急須やポットで「あっさりかつおだし」

急須やポットにかつお削りぶし1パック(3〜5g)を入れ、熱いお湯300㎖を注ぐ。1分ほど待って、かつおぶしが沈んだら静かに注ぐ。

このスープで使ってます

P64牛肉とクレソンのスープごはん

そのまま食べられる「煮干しだし」

煮干しは大きなものなら4〜5本、頭とお腹をとり水400㎖と一緒に鍋に入れて中火にかけ、沸騰したら弱火にして3分ほど煮る。みそ汁にするときは煮干しをとりだしても、そのまま入れておいて食べることもできる。

このスープに使うのもおすすめ

P32たらとじゃがいものバターみそ汁、P40くるくる豚汁

スープコラム

コトコト煮込むだけ、簡単で本格的！手羽先で作る「鶏ブイヨン」

だしがらの手羽先は、スープの具に、
またはからっと揚げて塩こしょうで食べるのもおすすめ。

材料

鶏手羽先…6本
長ねぎの青い部分…10㎝ぐらい
塩…小さじ$\frac{1}{2}$

1 鶏手羽先に塩小さじ1をすり込み、1時間おく。

2 **1**を鍋に入れ、かぶるぐらいの水を加え火にかけ、煮立って肉の色が変わったら湯を捨てる。

3 鍋に**2**の手羽先、ねぎの青い部分、水800㎖、塩を入れて中火にかける。煮立ったら弱火にしてアクをとりながら30分煮て、ざるで漉す。

○時間のないときは市販のものでももちろんOK!

和のだしやブイヨンは、キューブのコンソメや顆粒だしを水や湯に溶いて代用することもできます。メーカーによって塩分量が違うので、味付けの塩を少なめにするなどの調整を。

金曜日

5

今週も
よく頑張りましたー

明日を気にせず
飲みたい日もある

お酒がススム
おつまみスープ

華の
フライデーナイト

金曜日とスープと私
（手帳に書こう、ひとり飲みの予定）

スープでこんなに お酒が飲めるなんて！

「たまには家で誰にも気兼ねなく飲みたいなぁ」、そんなときは**「おつまみスープ」**を作ってみてはいかがでしょう。「スープがおつまみになるの!?」と意外に思われるかもしれませんが、**酒の肴《さかな》と食事を兼ねるスープ**は、家飲みのおともにピッタリなのです。ワイン、ビール、ハイボール、日本酒に合うレシピをそれぞれご紹介します。

　誰かと一緒の家飲みのときにこんなスープをササッと作れたら間違いなくあなたの株が上がるでしょう。

金曜のスープ

あさりとトマトとルッコラのスープ

見た目はオシャレなのに驚くほど簡単

材料（2人分）

あさり（砂抜きしたもの）…大1パック（約300g）
ミニトマト…1パック（150g〜200g）
ルッコラ…1束
オリーブオイル…大さじ1
塩…小さじ1/2

作り方

1 ミニトマトはへたをとり半分に切る。

2 鍋にオリーブオイルと**1**を入れ強火にかけ、約2分炒める。あさりと水50mlを加えてしっかりふたをして煮る。

3 貝の口が開いたらさらに水300mlと塩を加えあたためる。味をみて塩が足りなければ加え、手でちぎったルッコラをトッピングする。

○あさりの砂抜きのやり方はP88

#今まであさりを敬遠していたことを後悔するレシピ　#スープ365

ボンゴレでワイン！

トッピングチリコンカン

缶詰を使えば手軽に本格メキシカン

材料（2人分）

合いびき肉…300g
レッドキドニービーンズ（または金時豆）水煮缶…1缶
トマト缶…1缶
塩…小さじ1
チリパウダー…小さじ1
オリーブオイル…大さじ2
△アボカド、レモン、トルティーヤチップス、パクチー、シュレッドチーズなど

作り方

1
鍋にオリーブオイルを熱し、合いびき肉を入れて広げ、しばらくそのままにして焼きつける。1分ほどしたらへらで返し、全体に色が変わるまで炒める。

2
缶のトマトをつぶしながら汁ごと加える。レッドキドニービーンズは水が入っている場合は水を切り加える。塩と水200mlを加え、15分ほど煮込む。

3
チリパウダーを加え、味をみて塩とチリパウダーで調え、器に盛る。切ったアボカドやレモン、パクチー、トルティーヤチップス、シュレッドチーズなど、お好みでトッピングする。

#チリコンカン超カンタン　#スープ365

メキシカンでビール！

牡蠣と豆腐のみそチゲ

牡蠣とみそのコクが濃厚なハーモニー

材料（2人分）

牡蠣…1パック（200gぐらい）
豆腐…1/2丁（200g）
長ねぎ…1/2本
しめじ…1/2パック
A みそ…大さじ2
　おろしにんにく…1かけ分
　唐辛子粉（甘いタイプ）…小さじ1
ごま油…大さじ1
△糸とうがらし

作り方

1 牡蠣はさっと洗ってざるにあげる。長ねぎは斜め薄切りに、しめじは根元を切ってバラし、豆腐は食べやすい大きさに切る。

2 鍋に**A**を入れて練り合わせ、中火にかけて混ぜながら1分加熱する。水300㎖を少しずつ加えてみそをのばし、煮立てる。

3 **2**に**1**を加え、牡蠣がしっかり煮えたら味をみて、薄ければみそで調える。好みで糸とうがらしをのせる。

○韓国の唐辛子粉は辛いタイプと甘いタイプがあり、ここで使ったのは甘口。辛いタイプや日本の一味唐辛子を分量通り入れると辛すぎるので調節して

#牡蠣を使えるってなんか料理上手な人みたい　#スープ365

辛みでハイボール！

オムレツとモッツァレラとズッキーニのスープ

いつものオムレツがよそゆきの顔に

材料（2人分）

卵…4個
ズッキーニ…小1本
（150〜200g）
モッツァレラチーズ…1個
オリーブオイル
…大さじ1
塩…ふたつまみ

作り方

1 鍋に1〜2㎝の角切りにしたズッキーニとオリーブオイル、水100㎖、塩を入れてふたをし、中火に8分かける。途中でふたをあけて水が減っていたら足す。水200㎖を足してあたため、塩で味を調える。

2 卵を2個ずつボウルに割り入れ塩少々（記載外）を加えて混ぜ、油（記載外）をひいたフライパンでオムレツを2個作り、それぞれ皿に置く。

3 モッツァレラチーズを一口サイズにちぎってオムレツにのせ、**1**をかける。

#オムレツがきれいにできたらインスタ映えします　#スープ365

失敗図鑑
すごい人ほどダメだった！

大野正人

新しすぎて「意味わからん」と言われたピカソ。成功にしがみついたライト兄弟。歴史に名を残す偉人でも、たくさん失敗をしてきました。読めば「自分の失敗なんて、たいしたことないじゃん！」と勇気がわいてくる一冊です。全漢字にふりがなつきで、10歳から読めます。大人の方にもおすすめ。

定価（本体1,200円＋税） | ISBN978-4-86651-059-0

NEW 新作！

10キロやせて永久キープするダイエット

山崎潤子　監修：海保博之

万年小太りの40代ライターが、認知心理学の専門家「海保先生」の力を借りて、10キロやせた２年間の記録。「つらい食事制限や運動をがんばった」のではなく「自分と向き合い、考え、実行した」だけ。イラスト満載。同じ方法で４キロやせた編集者２人の体験マンガ収録。

定価（本体1,200円＋税） | ISBN978-4-86651-053-8

NEW 新作！

仕事が速いのにミスしない人は、何をしているのか？

飯野謙次

５万部突破の「ミスが自然となくなる仕事術」！「ミスしない」ということは、効率のよさや仕事の速さだけを指す言葉ではありません。それがあなたのブランドとなり、信頼関係の構築、仕事の質の向上にもつながります。確実に結果につながる27の仕事のコツを、あなたも取り入れてみませんか。

定価（本体1,430円＋税） | ISBN978-4-905073-74-1

PICK UP

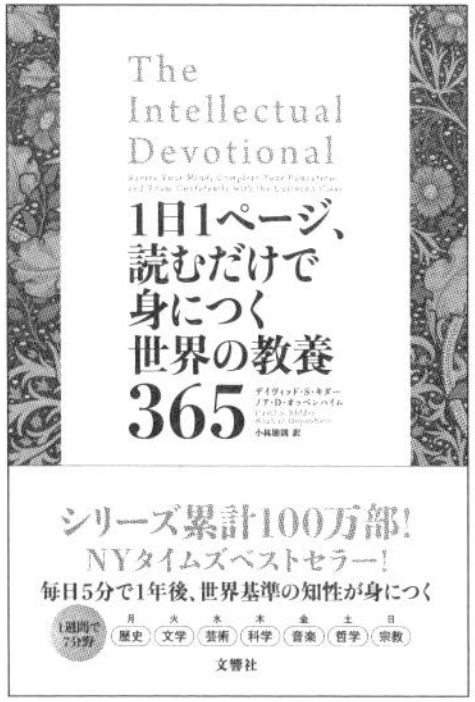

1日1ページ、読むだけで身につく世界の教養365

NEW 新作！

著：デイヴィッド・S・キダー＆ノア・D・オッペンハイム　翻訳：小林朋則

NYタイムズ ベストセラー！シリーズ累計100万部、アメリカで47万部刊行の大人気の本が待望の邦訳。(月)歴史・(火)文学・(水)芸術・(木)科学・(金)音楽・(土)哲学・(日)宗教の7分野から好奇心を高める知識を1年分収録。1日1ページ5分読むだけで1年後、世界基準の知性が身につきます。

定価（本体2,380円＋税） | ISBN978-4-86651-055-2

サバイバル・ウェディング

連続ドラマ化

大橋弘祐

「え、半年以内に結婚しないとクビ！？」
寿退社した日に、婚約破棄されたどん底女、黒木さやか(29)にブランド大好きドS編集長(♂)が与えた仕事は期限6か月の婚活だった。エルメス、ルイ・ヴィトン、ルブタン……、高級ブランドの戦略で突き進むラブコメ小説。
2018年夏、日本テレビ系列で連続ドラマ化。

定価（本体680円＋税） | ISBN978-4-86651-071-2

うんこ漢字ドリルって、どんなドリル？

日本一楽しい 漢字ドリルです。

「かたに 何を のせて いるのですか？」
「うんこです。」

□《なに》事《ごと》かと 外《そと》を 見ると、
うんこが うかんで いた。

ぼくの うんこは □《なん》回《かい》 流《なが》しても
流《なが》れなかった。

全例文で うんこの 使用に成功！

小学２年生の例文から

漢字練習といえば、同じ文字を延々と書き続ける「繰り返し学習」。しかし、子どもにとっては集中力の続かない「作業」になってしまいます。本書はそんな、漢字学習の構造的弱点を克服するために作られました。1年生から6年生までの、3018例文すべてに「うんこ」という言葉を使用！ 子どもが笑いながら勉強できる、日本初の漢字ドリルです。

ドリルと一緒に！

累計330万部突破！

テスト編も大好評発売中

□見つけたぞ。」
と うきうきして いたら、
そこに 一《いっ》ぴきの 犬《いぬ》を つれた、
□《①み》つあみの 女《おんな》の子《こ》が やって きた。
「わたしも うんこを さがして いるんだよ。
だけど、□《③よっ》つしか もって いないの。」
と 言《い》うので、一《ひと》つ あげようかなと 思《おも》って いたら、
女《おんな》の子《こ》の つれて いた 犬《いぬ》が
うんこを □《④ふた》つ した。
「これで 同《おな》じ 数《かず》だね。」
と 言《い》って、女《おんな》の子《こ》は わらった。

小学１年生の例文から

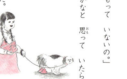

第2弾

うんこ漢字ドリル
テスト編

小学1～6年生【全6冊】

定価（本体各980円＋税）

小学１年生／ISBN978-4-86651-061-3
小学２年生／ISBN978-4-86651-062-0
小学３年生／ISBN978-4-86651-063-7
小学４年生／ISBN978-4-86651-064-4
小学５年生／ISBN978-4-86651-065-1
小学６年生／ISBN978-4-86651-066-8

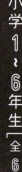

文響社

book catalog

チーズでワイン！

お豆腐おでん

寒い夜、飲みたいときはコレ

材料（2人分）

豆腐…1丁（300～350g）
＊木綿、絹はお好みで
さつま揚げ…1パック（約200g）
かたゆで卵…2個
長ねぎ…1本
だし
A めんつゆ（3倍濃縮）…大さじ3
A 砂糖…大さじ1
△からし

作り方

1 さつま揚げを鍋に入れて沸かしたお湯を注ぎ、ざるにあげる。豆腐は二つに切り、長ねぎは斜め薄切りにする。ゆで卵は殻をむく。

2 豆腐を鍋に入れ、さつま揚げ、ゆで卵を脇に入れ、Aと水450mℓを加えて中火にかける。

3 沸騰したら弱火に落とし、10～15分煮る。ねぎを加えさらに5分煮て火を止め、好みでからしを添える。

○できあがってから数時間おくと、豆腐に味がしっかり染みる

#具が少なくてもおでんはおでん　#スープ365

しっぽり日本酒!

スープコラム

あさりの砂抜きのコツは、「油断させる」環境作り

スープやパスタ、炒め物などに入れると
抜群の旨みを出してくれるあさり。
でも、砂抜きのやり方がイマイチわからない人が多いと思います。
買ってきたあさりは生きています。
だから海の中にいるような状態を作ってやると、
リラックスして砂を吐き出すのです。

1 水の塩分濃度は海水と同じ3%

500㎖で精製塩で大さじ1(15g)。水温は冷水ではなく20度ぐらいが理想。

2 動けるようゆったりした場所で

平たいバットか大きめの鍋になるべく重ならないようにあさりを並べる。あさりの殻が少し出るぐらいのところまで水を入れる。

3 暗くして2〜3時間

新聞紙やチラシなどを被せ、室内の光が当たらない場所に最低1時間、できれば2〜3時間つけておく。潮干狩りなどで採ったあさりは、砂をたっぷり含んでいるのでひと晩つけておきたい。

4 砂を吐かせたら、真水で洗う

土曜日

6

たまには
じっくりコトコト
煮込みたい

スープで
世界旅行気分!

今日はごちそう
世界のスープ

ホームパーティー
しちゃう?

土曜日とスープと私
（コトコト煮込むと幸せがやってくる）

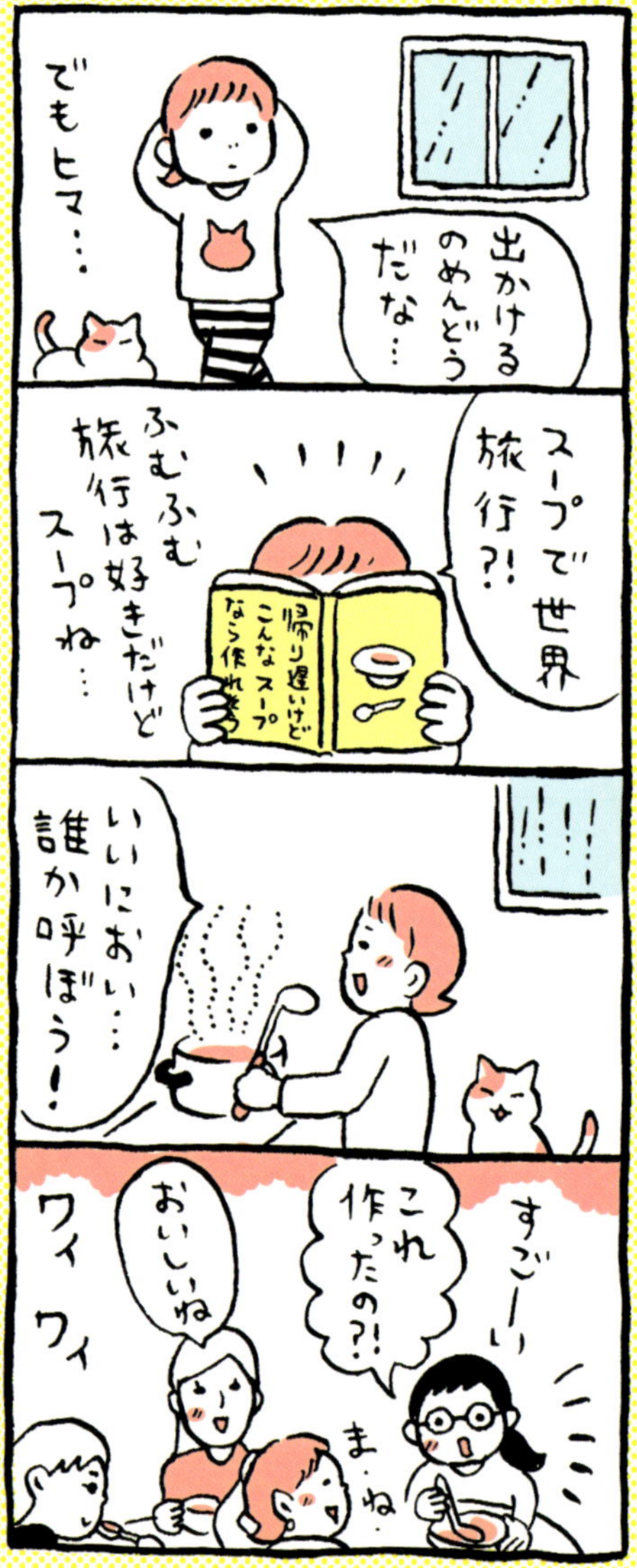

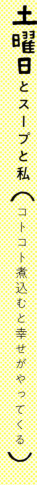

スープで味わう旅行気分！

日本のスープといえば「みそ汁」があるように、**世界中の国それぞれにお国自慢のスープがあります。**いつもはお店で食べるような**「世界のスープ」**を、お家でチャレンジしやすいレシピでご紹介します。

時間があるときには、あえて**じっくりコトコト煮込んでみるのも楽しい**ものです。家中にだんだんスープのいい匂いが広がっていくのは幸せですよ。

ちょっと珍しいスープでホームパーティーを開いてみたら、友達もびっくりするかもしれません。

かぶと鶏肉のポトフ

塩で煮込むだけ、フランスの田舎スープ

France

材料（2人分）

かぶ…大2個
鶏もも肉…1枚
長ねぎ…1本
塩…小さじ1・1/2
△粒マスタード

作り方

1 鶏もも肉は半分に切り、塩小さじ1をふる。かぶは葉と尻尾を切り落とし、皮つきのまま4つに切り、かぶ1個分の葉を5センチほどの長さに切る。長ねぎは4cm幅のぶつ切りにする。

2 鍋に鶏肉と長ねぎ、水800mℓを入れて中火にかけ沸騰したらアクをすくい、塩小さじ1/2を加え、弱火にして30分煮る。

3 鍋にかぶを加え、8分たったらかぶの葉を加え、さらに2～3分煮て火を止める。味をみて塩で調える。好みで粒マスタードを添える。

○塩をふった鶏肉は冷蔵庫で1日おくとよりおいしい

#シンプルなのに濃厚な味になることに食べた誰もが驚いた　#スープ365

かぶトロトロ、鶏肉しっとり

缶詰ミネストローネ

食卓はなやぐイタリアンの定番スープ

Italy

材料（4人分）

キャンベル
　オニオンスープ缶…1缶
トマト水煮缶…1缶
豆ドライパック缶…1缶
にんにく…1片
キャベツの葉…2〜3枚
ソーセージ…4本
ショートパスタ…60g
オリーブオイル
　…大さじ3
塩…少々
△粉チーズ

作り方

1 オニオンスープ缶、トマト缶、豆の缶詰を鍋にすべてあける。にんにくは皮をむいて丸ごと入れ、オリーブオイルを加え火をつけ、煮立てる。

2 キャベツを手でちぎって入れ、ショートパスタも加え、水が減ってきたら足しながら15分ほど煮込む。味を見て薄ければ、塩で調える。

3 ソーセージを加え、弱火にして3分煮る。器に盛り、好みで粉チーズをかける。

◦缶詰を丸ごと使うのでこのレシピは4人分の分量ができあがる

#野菜を切るのが面倒な人のためのミネストローネ　#スープ365

具だくさんで
ワイワイ食べたい

きゅうりのヨーグルトスープ

すりおろして混ぜるだけ！　トルコのスープ

Turkey

材料（2人分）

きゅうり…3本
ヨーグルト
…1カップ（250g）
ミントの葉
…20枚程度（3～4g）
すりおろしにんにく…少々
塩…小さじ1/2
オリーブオイル…少々
△トッピングの野菜
（トマト、パプリカ、ピーマンなど）

作り方

1 よく冷やしたきゅうり2本をすりおろす。

2 ヨーグルトに**1**とすりおろしにんにく、刻んだミント（飾り分は残す）、塩、冷水100mℓを加えて混ぜる。味をみて塩で調える。

3 残りのきゅうりを1～1・5cm角に刻み、トッピングしたい他の野菜があれば刻む。器にスープを盛りつけ、刻んだ野菜とミントをのせ、オリーブオイル少々をたらす。

○にんにくは小指の先にちょっぴりでOK。入れ過ぎ注意

#できあがりに氷を浮かべると涼しげ　#スープ365

きゅうりの新たな楽しみ方、発見！

オニオングラタンスープ

シンプルな素材から生まれる、パリのビストロの味

France

材料（2人分）

たまねぎ…1個
オリーブオイル…大さじ1
塩…小さじ1/2
こしょう…少々
バゲット薄切り…4枚
とろけるチーズ…適量

作り方

1 皮をむき薄切りにしたたまねぎとオリーブオイルを鍋に入れて中火にかけ、飴色になるまで15分ほど炒める。

2 水300㎖と塩、こしょうを加えてあたため、耐熱皿2枚に分けて入れる。

3 **2**にバゲット、続いてとろけるチーズをのせてオーブントースターで10～12分、チーズがこんがり色づくまで焼く。

#イライラしたときは無心でたまねぎ炒めよう　#スープ365

飴色たまねぎにチーズが絡む、

土曜のスープ

Russia

野菜のあっさりボルシチ

ここはロシア?! と思うほど本格的

材料（2〜3人分）

ビーツ（水煮のもの）…150g
キャベツの葉…3〜4枚
たまねぎ…中1/4個
エリンギ…1本
ベーコン…50g
オリーブオイル…大さじ1
塩…小さじ1
にんにく…一片
青ねぎ、ディル、パセリなどハーブ1〜3種類…20g

作り方

1 ハーブをみじん切りにし、すりおろしたにんにくと塩ひとつまみ（記載外）であえておく。たまねぎは薄切りに、ビーツ（缶詰の場合は水気を切る）、キャベツ、エリンギは8㎜幅に、ベーコンは1㎝幅に切る。

2 鍋にオリーブオイルとベーコンを入れて火にかけて炒め、たまねぎ、キャベツ、エリンギを順に加えて炒める。キャベツがしんなりしたらビーツを加え、水をひたひたに加えて煮る。

3 野菜がやわらかくなったら水を100〜200㎖足し、塩を加えて味をみる。器に盛り、**1**のハーブをトッピングする。

o（ビーツが生の場合の下ごしらえ）よく洗って鍋に入れ、たっぷりの水から煮る。沸騰後10分がめやす。水にとって冷ましてから、皮をむく

#初めてボルシチ作ったらそれがあなたのボルシチ記念日　#スープ365

家でこんな味作れるなんて！

土曜のスープ

牛肉とパクチーのベトナム風スープ

目にも口にもさわやかな一皿

Vietnam

材料（2人分）

- 牛肉薄切り（もも、肩ロースなど。切り落としも可）…150g
- セロリの茎…1/2本
- エリンギ…1本
- レタス…2枚
- 小松菜…2枚
- パクチー…1株
- ミントの葉…数枚
- しょうが薄切り…2枚
- ナンプラー…大さじ1・1/2
- △レモンの薄切り…2枚

作り方

1 鍋に湯を沸かして牛肉を入れ、箸で軽く混ぜてざるにあげる。セロリの茎は斜め薄切りにし、エリンギは手でさく。レタス、小松菜はちぎっておく。

2 しょうが、セロリ、エリンギを鍋に入れ、水100㎖を加えてふたをして煮る。3分たったら水400㎖を足して沸騰させ、牛肉、レタス、小松菜、ナンプラーを加えて2分煮る。

3 器に盛り、パクチーとミントの葉をちぎって飾る。好みでレモンの薄切りを添える。

◦レタスや小松菜がなければ水菜でも

#家でパクチー食べ放題という至福　#スープ365

パクチーどっさりアジアな味

スープコラム

偏愛ハーブ・スパイスがあれば……

最近はスーパーでもさまざまなハーブやスパイスを見かけるようになりました。まずはひとつを使い倒してみて自分の「偏愛ハーブ・スパイス」を探してください。最初はパウダー状のものを買うのもおすすめです。

ミント

お菓子やミントティーに使われることが多いが、案外どんな料理にも合う。トマトソースのパスタに使ってもおいしい。スープなどあたたかい料理にトッピングすることも。

⇒P96きゅうりのヨーグルトスープで使用

合う素材 トマト、なす、きゅうり、ヨーグルトなど

バジル

イタリアンでおなじみ。ジェノバペーストは、バジルとナッツをオリーブオイルと一緒にすりつぶしたペースト。魚、肉、トースト、スープ、何にトッピングしてもおいしい。

⇒P56トマトとバジルの冷や汁で使用

合う素材 なす、トマト、ズッキーニ、オリーブ、チーズなど

コリアンダー（パクチー）

エスニックだけでなく、南米や地中海料理にも欠かせない。フレッシュな葉は餃子のたれに刻んで入れたり、スープに散らしたりもおすすめ。アボカドやきゅうりのサラダなどとも相性よし。

⇒P102牛肉とパクチーのベトナム風スープで使用

合う素材 魚介類、ひき肉、レモンやライム、豆、アボカド、きゅうりなど

甘

シナモン

甘い香りのシナモンは、色々なシーンで使える。濃いめのミルクティーに一振りしてチャイ風に、ワインにシナモンとはちみつを加えてあたためればグリューワインに。バターを塗ったパンに砂糖とシナモンをふって焼けばシナモントースト。かぼちゃを電子レンジにかけ、塩とシナモンをふるのもおいしい。

合う素材 りんご、バナナ、チョコレート、コーヒー、かぼちゃなど

香りと味のマトリックス

軽

山椒

和のスパイス。うなぎのかば焼きにかかっているのがイメージしやすいが、鶏肉や牛肉、魚を焼いて塩と山椒で食べると、香りよくおいしくいただける。甘辛だれの焼き鳥にも七味でなく山椒を使うと目先が変わってよい。

⇒P34こってり角煮風の豚肉汁かけ丼に足しても◎

合う素材 **魚介類、牛肉、鶏肉、柑橘類、里芋、長ねぎなど**

黒こしょう

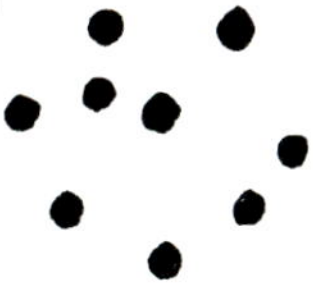

世界の貿易の歴史とも深いつながりがある胡椒は、最もメジャーなスパイス。黒胡椒は未熟の胡椒を乾かしたもの、白胡椒は完熟胡椒の実の皮をむいたもの。ステーキからラーメンまでどんなものにも一振りすれば、平板な味が引き締まる。

ローズマリー

松のような芳香は、肉料理などのにおい消しに効果抜群！ 肉を焼くとき、横に置いておくだけで香りが移る。フライドポテトの揚げ油に入れればハーブフライドポテトに。

⇒P92かぶと鶏肉のポトフに少し足しても◎

合う素材 **キャベツ、クリームチーズ、卵、豚肉、鶏肉、じゃがいもなど**

刺

クミン

強く重たく、甘い中に軽い苦みも含まれ、カレーのスパイスとしても活躍する。個性的なようで案外さまざまな料理に使える。ポテトサラダに混ぜたり、にらやもやしなどの中華の野菜いためにひとふりしても。塩味の焼き鳥やローストチキンにクミン&レモンをかけてもおいしい。

⇒P62しょうがどっさり、さば缶トマトカレーに足しても◎

合う素材 **じゃがいも、キャベツ、たまねぎ、鶏肉、牛肉、羊肉など**

唐辛子(チリ)

メキシコのハバネロやハラペーニョ、ヨーロッパのペペロンチーノ、韓国の青唐辛子や日本の鷹の爪など、世界じゅうで愛されている。辛くないものから激辛まで、赤から緑まで品種もさまざま。辛みや色味をつけるために使われる。

⇒P80トッピングチリコンカンで使用

合う素材 **肉、コリアンダー、レモン、魚など**

重

スープコラム

ハーブ・スパイス、こんな楽しみ方もあります

ハーブを買いたくても、使い切れるかが心配かもしれません。
実は料理だけでなく、飲み物に入れるだけで
気軽に風味を楽しむことができます。

1 ミントティー

緑茶を淹れ冷やしたものに、ミントを入れる。
ミントの爽やかな香りが緑茶の香りと合う。

2 ハーブワイン

お好みの白ワインに、ローズマリーを入れる。
ローズマリーの香りが白ワインに移り、ハーブの風味が楽しめる。

3 大人のスパイス・オレンジジュース

オレンジジュースに山椒を入れる。

甘いオレンジに、ピリッと山椒が効いた味は、今までにないオレンジジュースの楽しみ方。

今日くらい
のんびりしよう

日曜日

7

明日からまた
頑張れますように

ほっとする
癒しのスープ

疲れた心と
からだに染みる……

日曜日とスープと私
（いつだって優しくしてくれる）

頑張る人を助けてくれる優しいスープ

週末も、やりたいことでスケジュールぎっしり。休みだったはずなのに日曜の夕方、私どうして疲れているの……？　**そんなときこそ心にもからだにも優しい「癒しのスープ」**の出番です。

食欲があまりないときも、スープだったらするするからだに入ってくれて、ちゃんと食べたという実感が持てます。

からだの芯からあたたまってほっとするスープは、**毎日頑張る人の人生を、ちょっとだけ助けてくれる**のです。

きつね風呂

おあげがだしのお風呂にゆらゆら入っているから「きつね風呂」

材料（1人分）

油揚げ…1枚
昆布…5cm
塩…ひとつまみ
大根…5cm
ごはん…茶碗に軽く1杯
しょうゆまたは
ポン酢しょうゆ…適量

作り方

1 油揚げはキッチンペーパーで挟んでおさえ、余分な油をとってから幅約1cmに切る。

2 鍋に水400㎖と昆布を入れて火にかけ、煮立ったら油揚げと塩を加えて3分ほど煮る。油揚げを煮ている間に大根をすりおろす。

3 器にごはんをよそい、油揚げと大根おろしをのせ、しょうゆやポン酢しょうゆをかけていただく。

○昆布だしのスープはお好みでごはんにかけてもOK

#きつね風呂って名前がかわいい　#スープ365

おあげがじんわり
おだしでしっとり

豚肉とキャベツのあまざけみそ汁

あまざけでみそ汁に魔法がかかる

材料（2人分）

豚バラ薄切り肉
…150g
キャベツの葉
…5～6枚（200g）
あまざけ
（麹由来の無添加のもの）
…100㎖
みそ…大さじ2

作り方

1
キャベツと豚肉は食べやすい大きさに切る。

2
鍋にキャベツを入れて豚肉をのせ、水を50㎖入れて鍋のふたをして中火にかけ、7～8分蒸し煮する。ときどき鍋のふたをあけて水が少なかったら足す。

3
キャベツが蒸し上がったら水200㎖、あまざけ100㎖を加えてあたためる。みそを加えて溶く。

#キャベツの大量消費にもおすすめ　#スープ365

こうじの旨みが
全身に染みわたる……

もち麦と卵のスープ

噛みごたえがあるもち麦はダイエットにもおすすめ

材料（1人分）

もち麦…50g
卵…1個
バター…10g
塩…ひとつまみ
黒こしょう…少々

作り方

1
もち麦は15分ほどゆでて、ざるにあげる。鍋にバターを溶かし、もち麦を入れて中火で炒める。全体に油が回ったら水100㎖を加えて煮る。

2
水分が少なくなってきたら水を100㎖追加する。これを3～4回繰り返しながらもち麦がやわらかくなるまで煮る。

3
塩を加え、味をみて調節する。溶き卵を少しずつ加えて火を止める。器に盛って黒こしょうをふる。

#もち麦は食物繊維豊富なスーパーフード　#スープ365

もちもち食感がやみつきに

うずみ豆腐

上品な京料理もシンプルに作れます

材料（2人分）

豆腐（木綿、絹どちらでも）
…1丁（300～350g）
しいたけ…3枚
しょうゆ…小さじ2
だし…300mℓ
＊だしについてはP72を参照
片栗粉…小さじ1
ごはん…茶碗1杯

作り方

1 豆腐はざるにあげ水を切ってから2つに切る。しいたけは軸をとり薄切りにする。片栗粉を同量の水で溶いておく。

2 鍋にだし、しいたけと豆腐を入れて火にかけ、沸騰したら弱火で5～6分静かにあたためる。しょうゆを加え、水溶き片栗粉でとろみをつける。

3 豆腐をお椀に入れ、ごはんを上にのせ、上から汁をたっぷりかける。

#きのこはお好みのものでもOK　#スープ365

ほろほろお豆腐
崩して食べよう

なすとピーマン、豚肉のつけ蕎麦

いつものお蕎麦を少し豪華に

材料（2人分）

なす…2個
ピーマン…1個
豚肉しゃぶしゃぶ用肉…50g
めんつゆ（3倍濃縮）…100mℓ
蕎麦（乾麺）…160g

作り方

1 なすはへたをとり、縦半分に切ってから薄切り、ピーマンも縦半分に切り種をとって細切りにする。めんつゆは500mℓの水で薄めておく。

2 野菜を鍋に入れ、水を50mℓ加えて中火にかけ、ふたをして蒸し煮する。3分たったらふたをあけ、**1**のめんつゆを加えてあたため、肉を入れさっと煮る。

3 袋の表示時間どおりに蕎麦をゆで、水洗いし、水をしっかり切って器に盛り、**2**をつけ汁として一緒にいただく。

＃つけ蕎麦もスープです　＃スープ365

ジューシーな野菜で
お蕎麦がすすむ

梅干と鶏肉のとろろ汁

二日酔いの朝にもやさしい、とろとろなのどごし

材料（2人分）

長芋…10～15cm（約200g）
鶏むね肉…100g（約1/3枚）
梅干…大2個
塩…小さじ1/2
△長ねぎ

作り方

1 鶏むね肉は1cm以下のそぎ切りにする。鍋に梅干と塩、水500mlを入れ、中火にかける。

2 鍋が沸騰したら鶏肉を加え、3分ほど煮てから鶏肉だけ器に盛りつけておく。

3 長芋の皮をむいて、すりおろして鍋に加え混ぜる。あたたまったら鶏肉の上に梅干ごとかける。好みで千切りにした長ねぎを添える。

○長芋はたたんだキッチンペーパーでつかむとすべりにくい

#たまには自分をいたわってあげよう　#スープ365

地味な見た目でも
滋味あふれる

フルーツスープ

自分をとことん甘やかす幸せ香るフルーツスープ その1

いちごのスープ

材料（2人分）

いちご…1パック
砂糖…約30g
黒こしょう（粗びきこしょう）…少々

作り方

1 いちごはへたをとって横にスライスし、砂糖をふって10分おく。

2 鍋にいちごを入れ火にかけ、2～3分煮る。砂糖がとけたら水300㎖を加え、あたためる。味見をし、甘味が足りない場合は砂糖を足す。

3 器にスープを盛り、黒こしょうをふる。

こんなアレンジもおすすめ！

- 熱々をアイスにかけてアフォガード風に。多少煮詰めて水分を飛ばすとなおよい
- シリアルにかけてもおいしい
- 冷やしたものを炭酸水で割る。お酒で割ってカクテルにすれば大人の味

食べる人を

かわいくするスープ

フルーツ
スープ

自分をとことん甘やかす 幸せ香るフルーツスープその2

ホットオレンジ

材料（2人分）

好みの柑橘類…2～3個
砂糖…約40g

作り方

1 柑橘類は皮をむき、薄皮もむいて鍋に入れ、砂糖をふって10分置く。

2 鍋を火にかけて2～3分煮る。砂糖が溶けたら水300㎖を加えてあたためる。

- 甘夏、はっさく、ネーブルオレンジ、タンカン、日向夏などいくつか混ぜるとおいしい
- あまり煮込みすぎず、あたたまり砂糖が溶ければよい

こんなときに作ってはいかが？

- 夜眠れないときに作ってみると心がほっと落ち着きます
- 落ち込んだときに作ると甘い香りに癒されます
- 雨の日に作ってみると雨が好きになります

初夏の夕暮れみたいな

爽やかな甘み

あとがき

「今晩のごはん、どうしようかな」

空腹を気持ちよく満たしたいのは誰もが同じです。でも毎日の食事は楽しみでありながらも、作る人にとってはなかなかたいへんな仕事でもあります。

この本は、遅くに帰って家で料理する人の負担を少しでも軽くしたい、そんな気持ちで作りました。家ごはんがもっと気軽に作れて、それでいてきちんとおいしければ、からだも心もしっかり休まると思うからです。

シンプルな調理で肉や魚、たっぷりの野菜が皿一枚でとれる具だくさんのスープは、料理にあまり時間がかけられない人に本当におすすめです。

今回、何人かの方に、私のスープのレシピを実際に作ってもらいました。

emi

aco

misato

miho

natsumi

maria

mayumi

みなさん仕事や学校など、忙しい女性ばかり。料理が得意な方も、そうでない方もいますが、どのスープもおいしそうでした。話を聞きながら、より作りやすく改良を重ねました。

スープは決して華やかな料理ではありませんが、温かさと安心感、そして癒しがあります。それは、今日一日を頑張った人たちにとって、もっとも必要なものではないでしょうか。

くりかえし作る中で、どんどんアレンジを加えて、定番スープとなる。そんなレシピとの出会いがひとつでも多くあることを願っています。

2018年1月　有賀 薫

スープを作ったら、
ツイッターやインスタグラムで
「#スープ365」の
ハッシュタグをつけて
写真を投稿してみてください

kazuko

yuri

有賀 薫 ありが・かおる

1964年生まれ、東京出身。スープ作家。ライター業のかたわら、家族の朝食に作り始めたスープが毎朝続き、2018年2月時点で約2200日以上になる。その写真やレシピで個展を開くほか、スープの実験イベント〝スープ・ラボ〟を主宰。コンテンツ配信サイトcakesにてスープレシピの記事を連載するなど、ウェブや雑誌など幅広く活躍中。
著書に、レシピ、写真、文章、イラストを手がけたスープのレシピ本『365日のめざましスープ』(SBクリエイティブ)がある。

ツイッター @kaorun6
インスタグラム arigakaoru

帰り遅いけど こんなスープなら 作れそう

2018年2月20日 第1刷発行
2018年9月12日 第8刷発行

著者 有賀 薫

発行者 山本周嗣
発行所 株式会社文響社
〒105-0001
東京都港区虎ノ門2丁目2-5
共同通信会館9F
ホームページ http://bunkyosha.com
お問い合わせ info@bunkyosha.com
印刷 株式会社廣済堂
製本 古宮製本株式会社

ISBN 978-4-86651-049-1
Printed in Japan

この本に関するご意見・ご感想をお寄せいただく場合は、郵送またはメール(info@bunkyosha.com)にてお送りください。

AD 三木俊一
デザイン 中村 妙(文京図案室)
イラスト 伊藤ハムスター
撮影 土居麻紀子
有賀 薫(P39, 42, 43, 44)
スタイリング 本郷由紀子
調理アシスタント 八幡名子
Special Thanks
富岡昌子 飯坂麻里亜 齋藤恵未
鈴木美帆 須永夏美 杉山真弓
校正 株式会社ぷれす
撮影協力 サカキラボ http://www.labpaper.jp/
参考文献
『世界のハーブ&スパイス大事典』
ジル・ノーマン 著/水野仁輔 監修・翻訳
(主婦と生活社)
編集 野本有莉